चाहतें

वैशाली शर्मा

XpressPublishing
An imprint of Notion Press

XpressPublishing
An imprint of Notion Press

No.8, 3rd Cross Street, CIT Colony,
Mylapore, Chennai, Tamil Nadu-600004

Copyright © Vaishali Sharma
All Rights Reserved.

ISBN 978-1-63669-154-1

This book has been published with all efforts taken to make the material error-free after the consent of the author. However, the author and the publisher do not assume and hereby disclaim any liability to any party for any loss, damage, or disruption caused by errors or omissions, whether such errors or omissions result from negligence, accident, or any other cause.

While every effort has been made to avoid any mistake or omission, this publication is being sold on the condition and understanding that neither the author nor the publishers or printers would be liable in any manner to any person by reason of any mistake or omission in this publication or for any action taken or omitted to be taken or advice rendered or accepted on the basis of this work. For any defect in printing or binding the publishers will be liable only to replace the defective copy by another copy of this work then available.

क्रम-सूची

1. अध्याय 1 — 1
2. अध्याय 2 — 2
3. अध्याय 3 — 3
4. अध्याय 4 — 4
5. अध्याय 5 — 5
6. अध्याय 6 — 6
7. अध्याय 7 — 7
8. अध्याय 8 — 8
9. अध्याय 9 — 9
10. अध्याय 10 — 10
11. अध्याय 11 — 11
12. अध्याय 12 — 12
13. अध्याय 13 — 13
14. अध्याय 14 — 14
15. अध्याय 15 — 15
16. अध्याय 16 — 16
17. अध्याय 17 — 17
18. अध्याय 18 — 18
19. अध्याय 19 — 19
20. अध्याय 20 — 20
21. अध्याय 21 — 21
22. अध्याय 22 — 22

क्रम-सूची

23. अध्याय 23 — 23
24. अध्याय 24 — 24
25. अध्याय 25 — 25
26. अध्याय 26 — 26
27. अध्याय 27 — 27
28. अध्याय 28 — 28
29. अध्याय 29 — 29
30. अध्याय 30 — 30
31. अध्याय 31 — 31
32. अध्याय 32 — 32
33. अध्याय 33 — 33
34. अध्याय 34 — 34
35. अध्याय 35 — 35
36. अध्याय 36 — 36
37. अध्याय 37 — 37
38. अध्याय 38 — 38
39. अध्याय 39 — 39
40. अध्याय 40 — 40
41. अध्याय 41 — 41
42. अध्याय 42 — 42
43. अध्याय 43 — 43
44. अध्याय 44 — 44

क्रम-सूची

45. अध्याय 45 — 45
46. अध्याय 46 — 46
47. अध्याय 47 — 47
48. अध्याय 48 — 48
49. अध्याय 49 — 49
50. अध्याय 50 — 50

अध्याय 1

उनकी आदत भी थी और ज़रुरत भी पर फितरत से कैसे
मुंह फेरते,
क़ुबूल कर लेते हर सितम बेवफाई का,
भरी महफ़िल में अपना कह कर तो देखते,
बस एक बार अपना कह कर तो देखते।।

अध्याय 2

बीती यादें बीते लम्हें कैसे भुला दूँ,,
बिन ख़ामियों के खुद को किस बात की सज़ा दूँ,,
होंगे चर्चे उनके कई मयख़ानों में फिर एक बार,,
उनको दोबारा आज़मा कर, हस्ती मिटा कर खुद को किस बात की सज़ा दूँ।।

अध्याय 3

ये कैसा नादान इश्क़ कर बैठे हैं उनसे,
नज़रें झुकाए किसी चौखट पर बैठे हैं गुम से,
ना करीब आने की इजाज़त है, ना दूर भेजने की हिम्मत,
कुछ ऐसा इश्क़ कर बैठे हैं उनसे,

अध्याय 4

कैसे बयान कर दूँ इस हाल-ए-दिल की तकलीफ आपसे,
बेपरवाह होकर भी जनाब बेइंतहा इश्क़ है आपसे।।

अध्याय 5

उसूलों भरी ज़िन्दगी से मिले यूँ चंद सुकून के पल,,
न जाने कब ये आज़ादी भी बेगानी सी हो चली।।

अध्याय 6

ऐ-दोस्त,
बिछड़ती यारी के कई एहसान चुकाना बाकी है,,
शिकवे हुए, तुम यार चले,उस यारी को आज फिर निभाना बाकी है।।
उस यारी को आज फिर निभाना बाकी है।।

अध्याय 7

उन्हें फुर्सत मिली आज उस मसरूफियत से,,
कुछ इस तरह फिर मिले हो तुम हमसे,,
बदलते आलम में मिलेंगे कई रूप नये, कहीं खो न जाना,,
उम्मीद है कुछ इस तरह मिले हो तुम हमसे।।

अध्याय 8

ऐ-अजनबी मिला तू इक मलंग हो जैसे,
मुलाकातें बनी इस दिल में छिड़ी कोई तरंग हो जैसे,
आज बन चला न जाने कैसे,,
कोई मिला हो दिल ओ जान के जैसे,
कोई मिला हो दिल ओ जान के जैसे।।

अध्याय 9

चाय की चुस्की पर कैफ़ियत अक्सर पूछा करते हैं,
ख़लल के साथी हुए तो क्या, दो पल सुकून से मुस्कुरा लिया करते हैं।

अध्याय 10

ऐ हसीन ज़िन्दगी इक दरख़ास्त है,,
मिले तो मिले यार इस बार, कोई अजनबी नहीं,,
बने तो यूँ बने दिलदार, लगी फिर ठोकर तो रहे संग मेरे यार,,
तो रहे संग मेरे यार ।।

अध्याय 11

बाख़ुदा नाज़ है आज भी उस दीवानगी पर,
उनकी सोहबत जो आ मिली,
बदला था रुख़ हवाओं ने भी,
सहमें से कदम उठाए और फिर सुकून के वो पल चुराए,
और आज फिर सुकून के वो पल चुराए।।

अध्याय 12

गुज़रे वक़्त के बीते लम्हों की याद अब हर पल सताती है,,
फिज़ूल बातें ही क्यों न सही, खुशनसीबी का एहसास कराती है।।

अध्याय 13

आज चेहरे पर चेहरे नज़र आते हैं,
यकीन नहीं होता, अब बेबस हालात समझ आते हैं,
मुमकिन न होते हुए भी वही यार समझ जाते हैं,
आज चहरे पर चहरे नज़र आते हैं।।

अध्याय 14

खुशकिस्मत निकले जो वजूद की अहमियत का एहसास कर चले,,
वरना होंठों पे आई उस मुस्कान को देखे अब अरसा हो चला था।।

अध्याय 15

तुम्हें चाहना आसान नहीं, कुबूल किया कोई अभिमान नहीं,,
अक्सरतन्हाई ने दस्तक दी,आगाह किया लौट आई नहीं,,
जान-ए-जाँ बस मोहब्बत है कोई अभिमान नहीं।।

अध्याय 16

तुमसे मिलना दस्तूर-ए-मुलाक़ात है,
अगर नूर हूँ मैं तू सर ज़मीं में घुलते हुए जज़्बात है,
तू सर ज़मीं में घुलते हुए जज़्बात है।

अध्याय 17

नाज़ होता है तुम पर या कहूँ उस दीवानेपन पर,
क्या बेहतरीन तरीके से क़सूरवार ठहरा गये,
हम बदल गए हैं यूँ बार बार कह कर,
किसी और को ही अपना बना गए।

अध्याय 18

उनके सबको अपना बनाने के मिजाज़ से रूबरू हो चले हम ,
वरना उनकी मोहब्बत को ठुकराना अब आसान नहीं था।।

अध्याय 19

उनसे अब जो दूर हुए, कई किस्से बेनक़ाब हुए,,
समझ नहीं पाए ये फितूर उनके इश्क़ का था,
या बेपर्दा करना हम भूल चले थे।।

अध्याय 20

मदहोश निगाहें जो तुमसे टकरा गई,
मानो ख़ुदा की नेअमत हमें मिल गई,
वरना खुद पर यकीन तो महज़ एक लिबास था।।

अध्याय 21

वो आज भी बोलते हैं, हम उनकी ज़िन्दगी का हिस्सा थे,
और हम आज भी यही कहते हैं,
हम आपकी ज़िन्दगी का हर दिन बदलता किस्सा थे।।

अध्याय 22

इस ज़ुबान पर उन लफ़्ज़ों ने आज अनजाने में दस्तक दी,
कहा मालूम होता अगर इन लफ़्ज़ों को उस दफे मेरे यार,
तो मिटा दिया होता हर वो कारण जिनसे आई थी यूँ तकरार,
जिनसे आई थी यूँ तकरार।।

अध्याय 23

यकीनन वो सुरूर उनके इश्क़ की दीवानगी का रहा,
नहीं तो बीते मसलों को हल करते, उनमें इस कदर
उलझते ही ज़माना हो चला।।

अध्याय 24

हम उनकी चाहत में डूबने की हिमाकत कर ही चुके थे,,
आगोश में आए जबसे उनके, बीते कल को भी अब भूल
चले थे।।

अध्याय 25

ऐ-ज़िन्दगी ये कैसी कशमकश में ला खड़ा किया तूने,
पहले प्यार भी बांटा अब हिसाब भी मांग रही है मुझसे।।

अध्याय 26

तुमसे इत्तेफाक़ नहीं रखते तो मायूसी के दर पर अब तक
खड़े नहीं होते,
आस लिए उन ख़्वाबों को मुकम्मल करने की, इस कदर
तनहा नहीं होते।।

अध्याय 27

उनका ज़िक्र अब ज़ुबान पर पल-पल होने लगा,
सर्द हवाओं का रुख बेवजह ही बदलने लगा,
मालूम हुआ आज उनका दिल सिर्फ इस दिल के लिए
धड़कने लगा,
सिर्फ इस दिल के लिए धड़कने लगा।।

अध्याय 28

उन्होंने सिर्फ दर्द दिया होता तो हमने भी जाने दिया होता,
उनके ना होने के एहसास को आड़े आने नहीं दिया होता,
और हमने फिर अश्क-अफ़्शानी के सिलसिले पर ठहराव
लगा दिया होता।।

अध्याय 29

ज़िन्दगी में असल में कितने बेबस है आज जाना,
जब इन निगाहों ने हकीकत को माना,
कहते मोहब्बत तुमसे और सिर्फ तुमसे करते हैं,
उन्हें क्या पता उनके उन इशारों को हम आज भी समझ लिया करते हैं,
उनके उन इशारों को हम आज भी समझ लिया करते हैं।।

अध्याय 30

कभी वक़्त ने साथ नहीं दिया, कभी बेवक्त हम चल दिए,
बेगाने ज़माने में हमने अपनों के अफ़साने तय कर दिए,
कुछ ऐसी खता कर हम उनसे और वो हमसे दूर चल दिए,
एक बार फिर हम उनसे और वो हमसे दूर चल दिए।।
उनका रूठ जाना, दबे पांव आकर मनाने का किस्सा सिर्फ हमारा ही तो था,,
न जाने कब उनकी कहानी में ये किरदार ही बदल गया।।

अध्याय 31

बेहतर होता उनकी निगाहें हमें आज भी उसी तरह तकती,
ताउम्र दिल के उसी कोने में दीवानगी झलकती,
फिर हम अपने होकर पराये ना होते और वो हमारी राहें तकती,
एक बार फिर वो हमारी राहें तकती।।

अध्याय 32

उनकी कद्र अब हम सी होने लगी,
यारों की महफ़िल में वो फिर गुमसुम सी खोने लगी,
तौहीन की होती तो सह लेते, उनके दिल में अब पनाह
गैरों की होने लगी।।

अध्याय 33

हम उन्हें कितना चाहते है वो ज़माने भर में जताना चाहते है,
भूल जाते है और पल दो पल में हमारी मोहब्बत् को आज़माना चाहते हैं,
न जाने क्यूँ बस आज़माना चाहते हैं।।

अध्याय 34

उन पर यकीन नहीं होता तो उस मुराद का कोई मुक़ाम नहीं होता,
मेरी हस्ती की हर डगर में लिखा उनका नाम नहीं होता,
हर डगर में लिखा उनका नाम नहीं होता।।

अध्याय 35

उनकी मौजूदगी की भी एक अजीब दास्तान है,
करीब हुए तो इस कदर मानो महशर में खड़े पैगाम मिल गया,
आज दूर हुए तो इस कदर मानो उनकी बेदिली का सलाम मिल गया,
उनकी बेदिली का सलाम मिल गया।।

अध्याय 36

अगर उन्होंने कह दिया होता तो हमने भी मान लिया होता
फ़िज़ूल में अश्क़ों को बहने से सम्भाल लिया होता
बिखरे हुए उन पल दो पल के एहसास को सँवार लिया होता
उन पल दो पल के एहसास को सँवार लिया होता।।

अध्याय 37

अपने ही ख्यालों की गुलाम हो चली थी,
उनमे मिलते पैगमों को हकीकत में बुन चली थी,
खुद में खामियाँ ढूंढने की बजाए, यारों में अपनापन ढूंढने चली थी,
आज होश आया तो जाना अकेलेपन से यारी कर चली थी,
बस अकेलेपन से यारी कर चली थी।।

अध्याय 38

कमी ना उनकी चाहत में थी, ना हमारी इबादत में,,
फिर क्यूँ उन्होंने रज़ामंदी नहीं मांगी किसी और को दोबारा चाहने में।।

अध्याय 39

ऐ-दिल तू फिर चल पड़ा ढूंढने मुसाफिर कोई ओर,,
काश तू इतनी रहमत करता, देता धड़कने को चंद पल
मेरी ओर।।

अध्याय 40

तुम्हारा पल-पल की खबर लेना, गुमसुम माहौल को फिर खुशनुमा करना,
जब कभी भी याद आए, उन यादों के सिलसिलों में खो जाना,
जाने अनजाने में ही सही, बस इक यही मेहरबानी कर जाना।।

अध्याय 41

बेपनाह मोहब्बत की थी जनाब आपसे,
बेवजाह रुख़सत करने का शौक तो हमें भी नहीं था।।

अध्याय 42

उनका साथ ही तो था बस हमारे पास,
न जाने कब वो भी इजाज़त से मौहलत में तब्दील हो चला,
हम आज़ाद परिंदे सा उड़ चले हैं, इसी गुमान में जी रहे थे,
न जाने क्यूँ उनके लिए अब हमारा आसमान इक छोटा आशियाना हो चला।।

अध्याय 43

उनका ख्याल अब भी उतना ही सताता है,
हर रोज़ जब उसी जगह से हमारा आना जाना हो जाता है।।

अध्याय 44

ऐ ख़ुदा आज ख़ुद से मोहब्बत करने को जी चाहता है,
उनसे दूर ना जाकर उन्हें फिर अपनाने को जी चाहता है ,
हालातों की रज़ामंदी से हर मुक़ाम हासिल करने को जी चाहता है ,
फिर से खुले आसमान में मुस्कुराने को जी चाहता है आज,
फिर से खुले आसमान में मुस्कुराने को जी चाहता है आज।।

अध्याय 45

हद पार तो वो कर ही चुके थे हमें पराया और गैरों को अपना बनाकर,
बस इक यारी का वास्ता ही तो था उनसे, आज वो हक़ भी खो चले।।

अध्याय 46

उन पलों के थमने की दरख़ास्त हमने उस रोज़ भी की थी,
हमें और सिर्फ हमें चाहने की ख्वाइश उनसे हर रोज़ ही की थी,
उनके लिए उस वक़्त चाहना आसान ना था,
महज़ दो पल चाहने की नुमाइश उन्होंने हमसे उसी रोज़ की थी,
बस उसी रोज़ की थी।।

अध्याय 47

उनके दीदार बिन ये जीना कुछ अधूरा सा लगता था,
मालूम न था उन्हें हम बिन जीना ही अब पूरा सा लगता था,
उन्हें हम बिन जीना ही अब पूरा सा लगता था।।

अध्याय 48

आज ख्याल आया,
उन्हें चाहना गलत था या उनकी गलतियों पर मुस्कुराना,
इन अश्क़ो में ढलना गलत था या बेतहाशा बहाना,
उन्हें ज़िन्दगी बना लेना गलत था या अग्यार हो जाना,
इश्क़ की इस डगर में उन्हें हमदर्द बनाना गलत था उस दर्द को सहना,
बिन कहे उस दर्द को सहना।।

अध्याय 49

इस बेचैन मन का भी क्या क़सूर भला,
हमें उनसे मोहब्बत, उन्हें कोई ओर जा मिला,
ताज्जुब हुआ, हमारे रिश्ते से जो थे अंजान आज उनको
क्या सुकून मिला,
हैं हमें वो आज भी बेहद पसंद, इसमें उनका क्या क़सूर
भला
इसमें उनका क्या क़सूर भला।।

अध्याय 50

यार तो कई बार मिले,
बस अब दुआ है ख़ुदा से तुम जैसा यार हर बार मिले,
जिसकी सोहबत से संसार की हर मुस्कान मिले,
बस यही दुआ है ख़ुदा से तुम जैसा यार हर बार मिले,
दूरी तो इस बार भी सह लेंगे,
रहोगे तुम संग तो हवा बन तुम्हारे घरोंदे में बह लेंगे,
इजाज़त हो तुम्हारी तो ख्वाबों में संजो कर रख लें तुमको,
जब मिलोगे तो कुछ लफ्ज़ कहेंगे हम तुमको,
जबसे मिले हैं तुमसे बस यही कहना है तुमसे,
कभी दूर ना जाना अब हमसे,
कुछ ऐसे मिलो बस हमसे।।

www.ingramcontent.com/pod-product-compliance
Lightning Source LLC
LaVergne TN
LVHW041545060526
838200LV00037B/1155
9781636691541